Der Traumzauberbaum

Geschichtenlieder
von Reinhard Lakomy und Monika Ehrhardt
mit Bildern von Klaus Vonderwerth

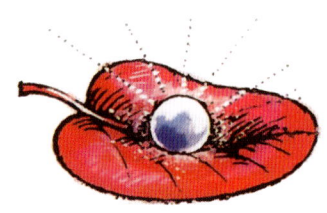

Halli Hallo,

wir sind Moosmutzel und Waldwuffel. Und wie heißt Du?

Wir sind die zwei Waldgeister aus dem Traumzauberbaum.

Kennst Du den Traumzauberbaum?

Der Traumzauberbaum ist die reinste Traumzauberei.

Tag und Nacht lässt er seine Traumblätter wachsen,

viele, viele Blätter. Sie schimmern und leuchten in allen Farben.

Ein wunderbunter Baum.

Und jede Farbe hat etwas zu bedeuten.

Rosa Blätter sind zum Beispiel Guten-Morgen-Träume,

ein hellbraunes ist ein Hundetraum,

purpurrote Blätter sind natürlich Liebesträume,

und die wasserblauen sind – na, was meinst Du?

Alle diese Blätter segeln zu Euch Kindern.

Manchmal wächst dem Traumzauberbaum auch ein schwarzes Blatt.

Wehe, wer so ein Blatt erwischt! Das sind Albträume.

Aber wir passen auf!

Wir lassen keines der schwarzen Blätter fortfliegen.

Höchstens aus Versehen, wenn wir die Traumlaus jagen.

Die bunten Blätter

schicken wir eins nach dem anderen auf die Reise.

Und kaum ist eins unterwegs, stecken zwei neugierige Nasen drin.

Das sind unsere zwei Nasen.

Jetzt sind es drei, weil Deine dabei ist.

Komm mit uns mit, wir laden Dich ein,

wir gehen in die Träume hinein ...

Ich bin der Traum- zau- ber baum, mich sieht ein Kind nur im Traum,

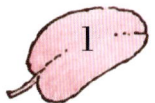

DER TRAUMZAUBERBAUM

Ich bin der Traumzauberbaum,
mich sieht ein Kind nur im Traum,
wachse im Traumzauberwald,
bin tausend Jahre schon alt,
hab' viele Blätter so fein,
ein Blatt gehört dir allein,
in jedem Blatt steckt ein Traum,
ich bin der Traumzauberbaum.

Gu-ten Mor- gen,_ gu- ten Mor- gen,_ die Nacht ist_ ver- ron- nen,_

KÜSSCHENLIED

Guten Morgen, guten Morgen,
die Nacht ist verronnen,
guten Morgen, guten Morgen,
der Tag hat begonnen.

Ein munteres Küsschen
kommt zu dir ans Bettchen,
es kitzelt dein Näschen,
sagt leis dir ins Ohr:

Guten Morgen, guten Morgen,
die Nacht ist verronnen,
guten Morgen, guten Morgen,
der Tag hat begonnen.

Beweg deine Füßchen,
der kleine Zeh, der schläft noch,
da hilft ihm das Küsschen
und singt ihm was vor:

Guten Morgen, guten Morgen,
die Nacht ist verronnen,
guten Morgen,
guten Morgen.

Ein Pfan- ne- ku- chen lag beim Bä- cker, war von au- ßen wirk- lich

DER PFANNEKUCHENSCHRECK

Ein Pfannekuchen lag beim Bäcker,
war von außen wirklich lecker,
doch haut innen was nicht hin,
war Senf statt Marmelade drin.

Frau Bemme kam, kauft sich drei Torten
und verschiedne Kuchensorten,
auch noch Tüten mit Bisquit
und nahm den Pfannekuchen mit.

Die Gute wog neun Zentner, leider
aß sie munter immer weiter
und hat laut dabei geschmatzt,
ja sicher wär sie bald geplatzt,
hätt sie nicht diesen Pfannekuchen,
den wollt sie nun grad versuchen,
ahnte nichts von ihrem Glück,
wodurch sich wendet ihr Geschick:

Sie biss hinein, ein irrer Schrei,
Frau Bemme lag am Boden,
nun isst sie täglich nur ein Ei
und zwei bis drei Karotten.

Es war mal ein Ei- er- be cher, das war ein be- son- ders fe- scher,

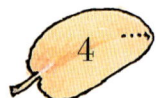

DER EIERBECHER

Es war mal ein Eierbecher,
das war ein besonders fescher,
schön aus Holz und bunt bemalt,
anders als die andern halt.
Hatte jeden Frühstücksmorgen
immer seine gleichen Sorgen:
Niemand stellt ihn auf den Tisch,
und er weinte bitterlich.

Warum seh ich nie ein Ei,
ja was wär denn schon dabei,
mich doch auch mal zu benutzen,
statt mich immer nur zu putzen,
das ist mir nicht einerlei,
ich will auch mal so ein Ei.

Da sprang ein Hahn aufs Fensterbrett,
das machte er nicht selten,
der fand den Eierbecher nett,
drum fing er an zu schelten.

Warum siehst du nie ein Ei,
ja, was wär denn schon dabei,
dich doch auch mal zu benutzen,
statt dich immer nur zu putzen,
das ist dir nicht einerlei,
du willst auch mal so ein Ei.

Der Hahn griff sich das bunte Ding
und flog damit zum Nesthuhn.

Nun gib doch mal dem Kummerling
ein Ei zum Obenreintun.

Denn er sieht ja nie ein Ei,
ja was wär denn schon dabei,
ihn doch auch mal zu benutzen,
statt ihn immer nur zu putzen,
das ist ihm nicht einerlei,
der will auch mal so ein Ei.

Das Huhn gab ihm verschmitzt ein Ei,
da hörte man's schon krachen.
Das Ei in ihm sprang laut entzwei,
das Huhn fing an zu lachen.

Plötzlich saß im Eierbecher
ein ganz kleiner Hahn, ein frecher,
ach, wie sah das niedlich aus,
Kükenmann sah stolz heraus.
Hat ein Eierbecherbettchen,
wenn das alle Küken hättchen,
Eierbecher fand das toll,
wusste endlich, was er soll.

Denn er sah ja nie ein Ei,
ja was wär denn schon dabei,
ihn doch auch mal zu benutzen,
statt ihn immer nur zu putzen,
das war ihm nicht einerlei,
wollte auch mal so ein Ei.

Komm, du Schö- ne, tanz mit mir, reich dein kal- tes Händ- chen,

GESPENSTERDUETT

Komm, du Schöne, tanz mit mir,
reich dein kaltes Händchen,
Mitternacht bis früh um vier,
ein Gespensertänzchen.
Huhuhuhuhugo,
Huhuhuhuhulda,
Huhuhuhuhugo,
Hulda,
Hugo.

(gesprochen)
Hulda, wo bist du? Ich kann dich nicht sehen.
Kein Wunder, Hugo, du hast gerade deinen Kopf abgesetzt.
Wo habe ich den nur wieder hingelegt?
Du hast ihn unterm Arm, Süßer.
Mein Gespensterbräutigam
hat nur noch drei Zähne,
niemals braucht er einen Kamm,
Haare hat er keene.
Huhuhuhuhulda,
Huhuhuhuhugo,
Huhuhuhuhulda,
Hugo,
Hulda.

(gesprochen)
Hugo, sieh doch mal hier hinein!
Ach! Hulda! Wer ist dieser grässliche Kerl da drin?
Hugo, du schaust gerade in einen Spiegel.
Ach, Hulda! Haha, haha.

(Tür quietscht)
Ach, schön, jetzt kommt jemand zum Erschrecken!
Hugo! Schnell weg! Da ist wieder so eine furchtbare Taschenlampe!
Hulda, Hulda! Warte doch! Ich habe solche Angst!
Hilfe!
Warte doch Hulda! Ich habe solche Angst! ...

Schenk mir ein Lieb- ko- se- wort, dann flie- gen mei- ne Sor- gen fort,

LIEBKOSELIED

Schenk mir ein Liebkosewort,
dann fliegen meine Sorgen fort,
die großen und die kleinen,
dann muss ich nicht mehr weinen
und freue mich den ganzen Tag,
dass mich jemand gerne mag.

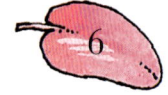

Uns- re Kat- ze Ma- ry Lou kennt sie- ben schö- ne Ka- ter,

MARY LOU

Unsre Katze Mary Lou
kennt sieben schöne Kater,
und Mary Lou find't keine Ruh,
ein jeder wär gern Vater.

Jeder hat sich ausgedacht,
wie schön das Leben wäre,
und sie singen Nacht für Nacht
von edler Katerehre.

Ein Kissen vom Sofa,
das wolln sie ihr bieten,
ein Plätzchen im Grünen
wolln alle ihr mieten,
und zwei Katzenkinder,
die würden genügen,
ein Ofen im Winter
wär auch noch zu kriegen,
man will sie verwöhnen
mit täglich elf Küssen,
mit zärtlichen Worten
und andern Genüssen,
das würde so bleiben,
das können sie schwören,
und Mary Lou sollte
sie endlich erhören.

Heute sah ich Mary Lou,
ein Kater kam, der achte,
sie winkte diesem Kater zu,
ich sah auch, wie sie lachte.

Heimlich hat sie sich vermählt,
die sieben waren Neese,
Mary Lou hat den erwählt
mit ohne viel Gewese.

Im Gar- ten sind viel Glöck- chen fein, grün und klein, grün und klein,

FRÜHLINGSLIED

Im Garten sind viel Glöckchen fein,
grün und klein, grün und klein,
läuten leis den Frühling ein,
zart und rein, zart und rein.

Schneeglöckchen, Schneeglöckchen,
vor dir reißt der Winter aus,
Schneeglöckchen, Schneeglöckchen,
blühen vor dem Haus.

Auf dem Baum ein Amselmann,
was der kann, was der kann,
zwitschert froh den Frühling an,
dann und wann, dann und wann.

Amselmann, Amselmann,
vor dir reißt der Winter aus,
Amselmann, Amselmann,
zwitschert vor dem Haus.

Sing mit mir ein Frühlingslied,
sing doch mit, sing doch mit,
machen so den Winter müd,
sing doch mit, sing doch mit,

Frühlingslied, Frühlingslied,
vor dir reißt der Winter aus,
Frühlingslied, Frühlingslied,
singen vor dem Haus.

Ich ha- be Lust auf ei- ne grü- ne Wie- se, — auf der ich oh- ne Schuh

ICH BIN DOCH KEIN SCHNEEMANN

Ich habe Lust auf eine grüne Wiese,
auf der ich ohne Schuh spazieren geh,
auch wenn ich Winterfreuden gern genieße,
ich freu mich auf die Wiese,
die noch schläft unterm Schnee,
die noch schläft unterm Schnee.

Ich sehne mich nach unserm kleinen Garten,
viel Sonnenblumenkerne will ich säen,
und auf die ersten Himmelschlüssel warten,
weil die in unserm Garten
immer so früh aufstehn,
immer so früh aufstehn.

Ich bin doch kein Schneemann,
ich freu mich, wenn's Frühling wird,
fängt alles zu blühn an,
wird die Welt bald so herrlich weit,
so herrlich weit.

Ich möchte wieder einmal richtig wandern,
durch Wald und Feld, vorbei an stillen Seen,
und träumen möchte ich mit allen andern,
wenn in der Glut des Lagerfeuers Bilder entstehn,
Bilder entstehn.

Ich bin doch kein Schneemann,
ich freu mich, wenn's Frühling wird,
fängt alles zu blühn an,
wird die Welt bald so herrlich weit,
so herrlich weit.

Ein_ Frosch nimmt sich ein Mi- kro- fon, und al- le Frö- sche war- ten schon,

FROSCH-ROCK'N'ROLL

Ein Frosch nimmt sich ein Mikrofon,
und alle Frösche warten schon,
da singt er seinen schönsten Ton.

Begeistert stimmt ein andrer ein,
er möchte auch ein Sänger sein,
da singt der Frosch nicht mehr allein.

Das ganze Fröschepublikum
hüpft angesteckt im Takt herum,
die Froschfräulein knalln völlig um.

Da kommt ein Storch, sehr würdevoll,
der findet Frösche einfach toll,
er tanzt mit ihnen Rock'n'Roll.

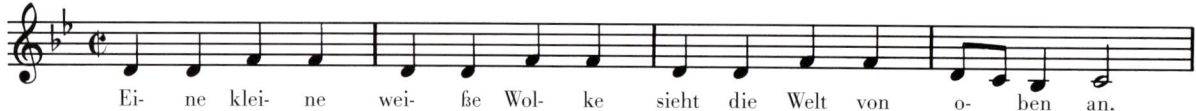

KLEINE WOLKE

Eine kleine weiße Wolke
sieht die Welt von oben an,
träumt, sie wär ein kleines Schäfchen,
das im Grase spielen kann.

Träumt davon den ganzen Tag lang,
schaukelt sachte hin und her,
kommt ein kleiner, frecher Wind an,
und das Wölkchen gibt's nicht mehr.

Ich ken- ne ei- nen Mann, der strengt sich mäch- tig an, um an- dern

LIED VON DER ANSTRENGUNG,
BÖSE ZU SEIN

Ich kenne einen Mann,
der strengt sich mächtig an,
um andern etwas anzutun,
kommt nicht dazu, sich auszuruhn,
bis er gefunden hat 'ne böse, böse Tat.

Warum er sich so quält,
ob ihm das selbst gefällt,
die Adern schwellen auf der Stirn,
und eine Nadel piekt sein Hirn,
ganz grün wird sein Gesicht,
nein, schön ist er so nicht.

Was er nur davon hat,
wann hat er es mal satt,
so angestrengt darauf bedacht,
dass keinem etwas Freude macht,
und freut sich selber nicht,
der arme, arme Wicht.

Wer macht die Men- schen so bös und schlecht, wer macht die Men- schen so un-   ge-   recht,

NEIDLIED

Wer macht die Menschen so bös und schlecht,
wer macht die Menschen so ungerecht,
das ist ein Zauberer, weit bekannt,
ein böser Zauberer, Neid genannt,
er bringt den Menschen nur Hass und Streit,
ein böser Zauberer ist der Neid,
er bringt den Menschen nur Hass und Streit,
ein böser Zauberer ist der Neid.

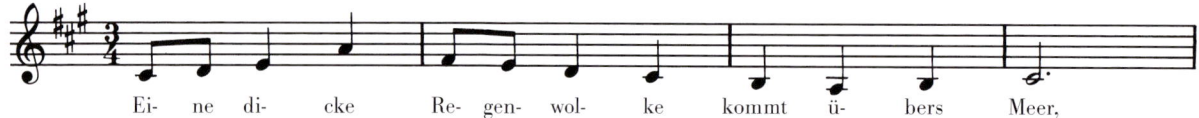

Ei- ne di- cke Re- gen- wol- ke kommt ü- bers Meer,

REGENLIED

Eine dicke Regenwolke
kommt übers Meer,
eine dicke Regenwolke,
leise und schwer,
hat den Bauch voll Wassereimer,
so viel Wasser trägt sonst keiner,
muss die Welt begießen,
die Bäume und die Wiesen
und auch mein Radieschenbeet,
das habe ich allein gesät.

Plitsche, platsche, Regentropfen,
wie sie auf die Dächer klopfen,
waschen alles blitzeblank,
lieber Regen, vielen Dank,
hast es wirklich gut gemeint,
mach nun, dass die Sonne scheint.

14

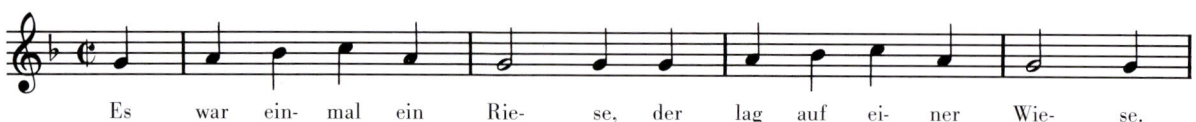

Es war ein- mal ein Rie- se, der lag auf ei- ner Wie- se.

WIE RIESEN NIESEN

Es war einmal ein Riese,
der lag auf einer Wiese.
Die Gänseblümchen waren platt,
die Ente schnakte: „Wat is datt?",
und flog auf seine Nase,
die ragte aus dem Grase.
Das kitzelte den Riesen.
Er musste kräftig niesen.

Da hat's die Ente fortgeweht,
und keiner hat sie mehr erspäht.
Auf einem Teich in Indien
kann man sie vielleicht findien.

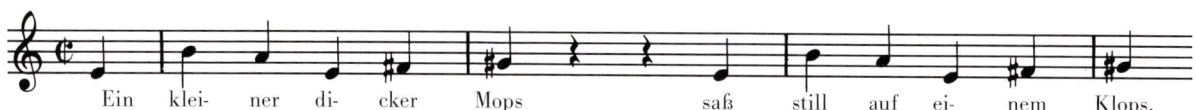

Ein klei- ner di- cker Mops saß still auf ei- nem Klops,

KLOPSEMOPS

Ein kleiner dicker Mops
saß still auf einem Klops,
die andern Möpse, wie beklopst,
warn schon durchs ganze Haus gehopst,
sie suchten diesen Klops,
auf dem da saß der Mops.

Wer mopste diesen Klops,
das fragte jeder Mops,
und auf dem schönen Mopseklops
saß still der dicke Klopsemops,
doch fraß er nicht den Klops,
er konnte nicht, der Mops.
Denn steht er auf von seinem Klops,
dann setzt sich drauf ein andrer Mops.

Fließt ein Bäch- lein flink und hel- le, mur- melt noch den Spruch

DAS BÄCHLEIN

Fließt ein Bächlein flink und helle,
murmelt noch den Spruch der Quelle:
schnelle, schnelle, ohne Ruh
fließ dem großen Flusse zu.

Auf dem Grunde wandern kleine,
feine, reine Kieselsteine,
schnelle, schnelle, ohne Ruh
mit dem Bächlein, immerzu.

Wollte solch ein Steinchen langen,
plumps, hat mich der Bach gefangen,
schnelle, schnelle, ohne Ruh
schwimmt davon mein linker Schuh.

Sieh, der Mond liegt im Flus- se ganz still, und es kom- men

MONDSILBERTAUFE

Sieh, der Mond liegt im Flusse ganz still,
und es kommen der Fische so viel,
welche Silberflut um die bleiche Glut,
was der Mond in dem Flusse wohl will?

Eine Nacht voller Elfen und Feen,
eine Nacht, wie sie selten geschehn,
Sterne hören auf mit dem Sternenlauf,
halten ein, ihren Mond zu besehn.

Und ein Fischlein springt
voller Lust und singt,
war die ganze Zeit
ohne Silberkleid,
und dem Mond tat das Fischlein so leid.

Soll ein Silberkleid haben wie ihr,
sagt der Mond zu dem Fischespalier,
komm, du kleiner Fisch, tauch hinein in mich,
eine Mondsilbertaufe mit mir.

Und ein Fischlein springt
voller Lust und singt,
war die ganze Zeit
ohne Silberkleid,
und dem Mond tat das Fischlein so leid,
und dem Mond tat das Fischlein so leid.

Ei- ne klei- ne Stadt geht mü- de schla- fen, macht die vie- len Fens- ter- au- gen zu,

EINE KLEINE STADT

Eine kleine Stadt geht müde schlafen,
macht die vielen Fensteraugen zu,
legt sich lang, besinnt, was so gewesen,
in den Straßen wird es langsam Ruh.

Kommt der sanfte Nachtwind angeflogen,
singt leis auf dem Rathausturm ein Lied,
und die Rathausuhr schenkt ihm ein Lächeln,
aber nur, wenn's wirklich niemand sieht.

A- bends geht ein Traum auf die Rei- se, fliegt hin- auf zum

TRAUMREISE

Abends geht ein Traum auf die Reise,
fliegt hinauf zum Himmelszelt.
Wie ein Stern schwebt er ganz leise,
bis er dir ins Bettchen fällt.

1. Der Traumzauberbaum

Ich bin der Traum- zau- ber- baum, mich sieht ein Kind nur im Traum, wach- se im Traum- zau- ber- wald, bin tau- send Jah- re schon alt,

2. Küsschenlied

munteres Küsschen kommt zu dir ans Bettchen,
weg deine Füßchen, der klei- ne Zeh der schläft noch

es
da

kitzelt dein Näschen, sagt leis dir ins Ohr.
hilft ihm das Küsschen und singt ihm was vor:

Guten

Morgen, guten Morgen, die Nacht ist veronnen,

guten Morgen, guten Morgen.

49

3. Der Pfannekuchenschreck

Pfan- ne- ku- chen lag beim Bä- cker, war von au- ßen wirk- lich le- cker,
Bem- me kam, kauft sich drei Tor- ten, und ver-schied- ne Ku- chen- sor- ten,
Gu- te wog neun Zent- ner, lei- der aß sie mun- ter im- mer wei- ter

doch haut in- nen was nicht hin war Senf statt Mar- me- la- de drin war
auch noch Tü- ten mit Bis- quit und nahm den Pfan- ne- ku- chen mit und
und hat laut da- bei ge-schmatzt, ja si- cher wär sie bald ge- platzt, hätt

1. u. 2.

Senf statt Mar- me- la- de drin Frau
nahm den Pfan- ne- ku- chen mit. Die

50

3.

sie nicht die- sen Pfan- ne- ku- chen, den wollt sie nun grad ver- su- chen,

ahn- te nichts von ih- rem Glück, wo- durch sich wen- det ihr Ge- schick:

doppeltes Tempo

Sie biss hin- ein, ein ir- rer Schrei, Frau Bem- me lag am

Bo- den, nun isst sie täg- lich nur ein Ei und zwei bis drei Ka- rot- ten.

Tempo I

4. Der Eierbecher

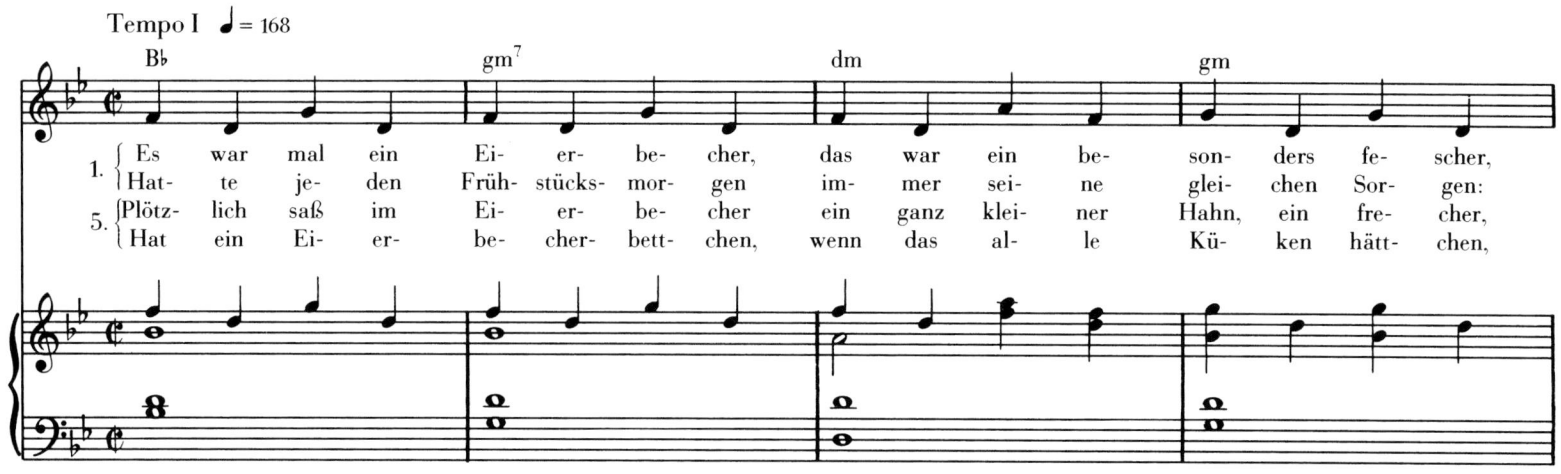

Tempo I ♩ = 168

1. Es war mal ein Ei- er- be- cher, das war ein be- son- ders fe- scher,
   Hat- te je- den Früh- stücks- mor- gen im- mer sei- ne glei- chen Sor- gen:
5. Plötz- lich saß im Ei- er- be- cher ein ganz klei- ner Hahn, ein fre- cher,
   Hat ein Ei- er- be- cher- bett- chen, wenn das al- le Kü- ken hätt- chen,

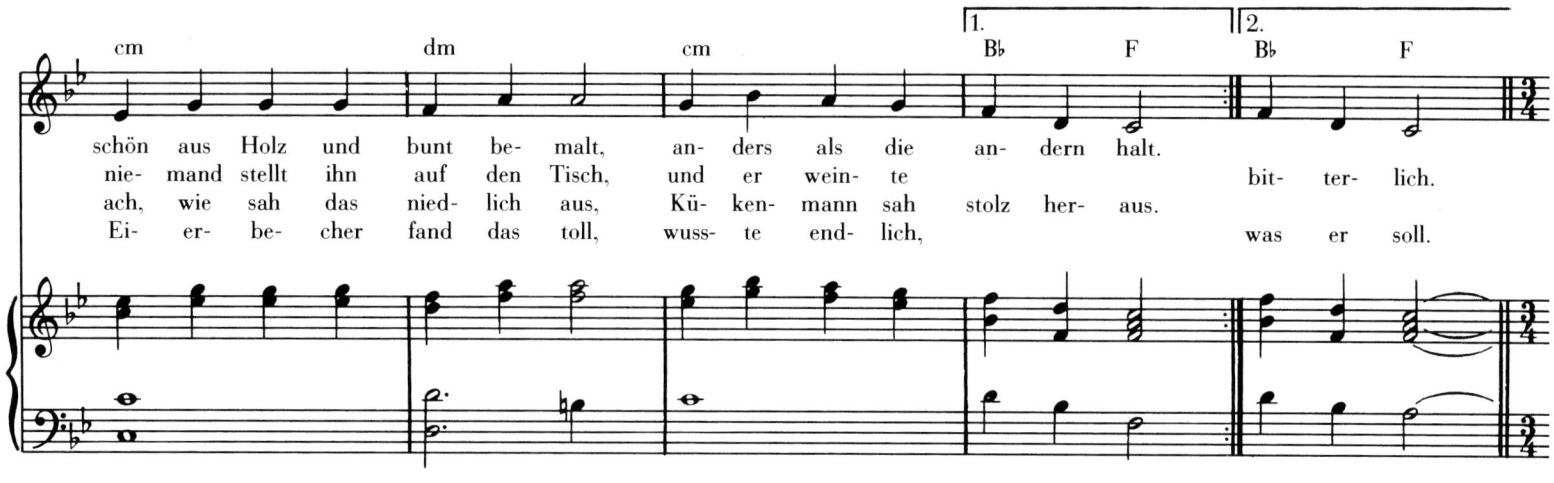

schön aus Holz und bunt be- malt, an- ders als die an- dern halt.
nie- mand stellt ihn auf den Tisch, und er wein- te bit- ter- lich.
ach, wie sah das nied- lich aus, Kü- ken- mann sah stolz her- aus.
Ei- er- be- cher fand das toll, wuss- te end- lich, was er soll.

Tempo II ♩ = 104

2. War- um seh ich nie ein Ei, ja was wär denn schon da- bei,
3. War- um sieht er nie ein Ei, ja was wär denn schon da- bei,
4. Denn er sieht ja nie ein Ei, ja was wär denn schon da- bei,
6. Denn er sieht ja nie ein Ei, ja was wär denn schon da- bei,

5. Gespensterduett

1. (er): Komm du Schö- ne, tanz mit mir, reich dein kal- tes Händ- chen,
2. (sie): Mein Ge- spens- ter- bräu- ti- gam hat nur noch drei Zäh- ne,

Mit- ter- nacht bis früh um vier, ein Ge- spens- ter- tänz- chen.
nie- mals braucht er ei- nen Kamm, Haa- re hat er kee- ne.

(sie): Hu- hu- hu- hu- hu- hu- go, (er): Hu- hu- hu- hu- hu- hul- da,
(er): Hu- hu- hu- hu- hul- da, (sie): Hu- hu- hu- hu- hu- go,

em   em   em   em

(sie): Hu- hu- hu- hu- hu- go,   (er): Hul- da,   (sie): Hu- go.
(er): Hu- hu- hu- hu- hul- da,   (sie): Hu- go,   (er): Hul- da.

1. (er): Hulda, wo bist du? Ich kann dich nicht sehen.   (sie): Kein Wunder, du hast gerade deinen Kopf abgesetzt.
2. (sie): Hugo, sieh doch mal hier hinein!   (er): Ach! Hulda! Wer ist dieser grässliche Kerl da drin?

dm   dm   c♯m   c♯m

1. (er): Wo habe ich den nur wieder hingelegt?   (sie): Du hast ihn unterm Arm, Süßer.
2. (sie): Hugo, du schaust gerade in einen Spiegel.   (er): Ach! Hulda, haha, haha.

cm   cm   dm   dm

(Tür quietscht)
(r): Ach, schön, jetzt kommt jemand zum Erschrecken!   (sie): Hugo! Schnell weg! Da ist wieder so eine furchtbare Taschenlampe!

c♯m   c♯m   cm   cm

(er): Hulda! Hulda! Warte doch! Ich habe solche Angst!   (sie): Hilfe!   (er): Warte doch! Ich habe solche Angst...

dm   em   usw.

6. Liebkoselied

Schenk mir ein Lieb- ko- se- wort, dann flie- gen mei- ne

Sor- gen— fort, die gro- ßen und die klei- nen, dann muss ich nicht mehr wei- nen und

freu- e mich den gan- zen Tag, dass mich je- mand ger- ne mag.

7. Mary Lou

Uns-re Kat-ze Ma-ry Lou kennt sie-ben schö-ne Ka-ter und

Ma-ry Lou find't kei-ne Ruh, ein je-der wär gern Va-ter.

Je-der hat sich aus-ge-dacht, wie schön das Le-ben wä-re,

und sie sin- gen Nacht für Nacht von ed- ler Ka- ter- eh- re. Ein

Kis- sen vom So- fa, das wolln— sie ihr bie- ten,— ein Plätz- chen im Grü- nen wolln al-

le ihr mie- ten— und zwei Kat- zen- kin- der, die wür- den ge- nü- gen,— ein

O- fen im Win- ter wär auch— noch zu krie- gen,— man will sie ver- wöh- nen mit

täg- lich elf Küs- sen, mit zärt- li- chen Wor- ten und an- dern Ge- nüs- sen, das

wür- de so blei- ben, das kön- nen sie schwö- ren,— und Ma- ry Lou soll- te— sie

end- lich er- hö- ren.— Heu- te sah ich Ma- ry Lou, ein Ka- ter kam, der

ach- te, sie wink- te die- sem Ka- ter zu, ich sah auch wie sie lach- te,

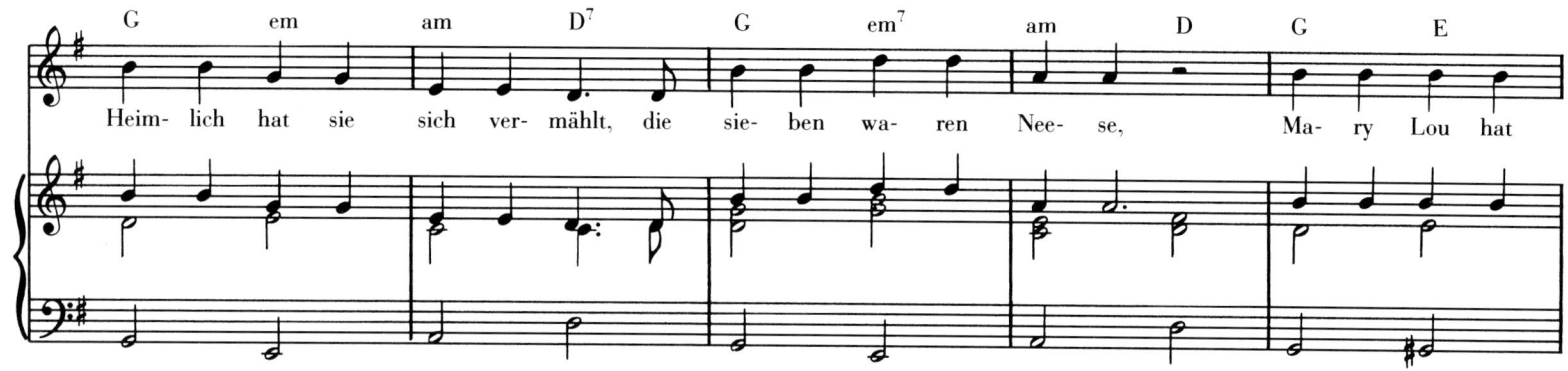

8. Frühlingslied

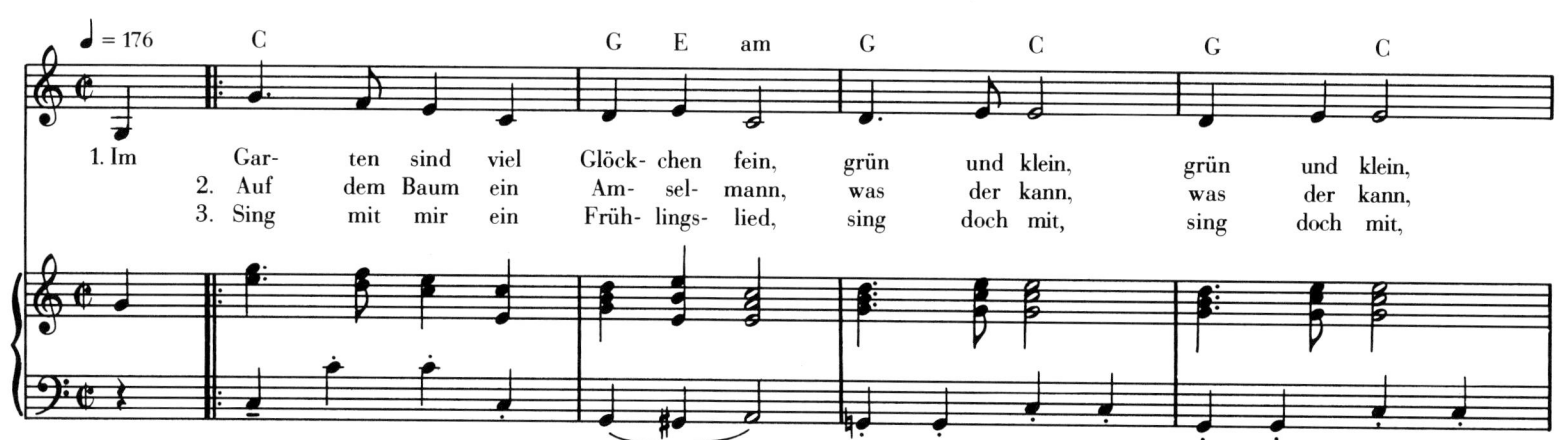

läu- ten leis den Früh- ling ein, zart und rein, zart und rein.
zwit- schert froh den Früh- ling an, dann und wann, dann und wann.
ma- chen so den Win- ter müd, sing doch mit, sing doch mit.

Schnee- glöck- chen, Schnee- glöck- chen, vor dir reißt der Win- ter aus,
Am- sel- mann, Am- sel- mann, vor dir reißt der Win- ter aus,
Früh- lings- lied, Früh- lings- lied, vor dir reißt der Win- ter aus,

Schnee- glöck- chen, Schnee- glöck- chen blü- hen vor dem Haus.
Am- sel- mann, Am- sel- mann, zwit- schert vor dem Haus.
Früh- lings- lied, Früh- lings- lied, sin- gen vor dem Haus.

9. Ich bin doch kein Schneemann

1. schläft un- term Schnee.
2. so früh auf- stehn.
4. Bil- der ent- stehn.

2. Ich

3./5. Ich

bin doch kein Schnee-mann, ich freu mich, wenn's Früh- ling wird___ fängt al- les zu

blühn an, wird die Welt bald so herr-lich weit, so herr-lich weit.

4. Ich

herr- lich weit.

D.S. (ohne Rep.)

10. Frosch-Rock'n-'Roll

1. Ein Frosch nimmt sich ein Mi- kro- fon, und al- le Frö- sche
2. geis- tert stimmt ein and- rer ein, er möch- te auch ein
3. gan- ze Frö- sche- pu- bli- kum hüpft an- ge- steckt im
4. kommt ein Storch, sehr wür- de- voll, der fin- det Frö- sche

war- ten schon, da singt er sei- nen schöns- ten Ton.
Sän- ger sein, da singt der Frosch nicht mehr al- lein.
Takt her- um, die Frosch- fräu- lein knalln völ- lig um.
ein- fach toll, er tanzt mit ih- nen Rock 'n- 'Roll.

Instr. Improv.

2. Be
3. Das
4. Da

11. Kleine Wolke

12. Lied von der Anstrengung, böse zu sein

1. Ich ken- ne ei- nen Mann, der strengt sich mäch- tig an, um an- dern et- was an- zu- tun,
2. um er sich so quält, ob ihm das selbst ge- fällt, die A- dern schwel-len auf der Stirn,
3. er nur da- von hat, wann hat er es mal satt, so an- ge -strengt dar- auf be- dacht,

1. kommt nicht da- zu, sich aus- zu- ruhn bis er ge- fun- den hat 'ne
2. und ei- ne Na- del piekt sein Hirn, ganz grün wird sein Ge- sicht, nein,
3. dass kei- nem et- was Freu- de macht und freut sich sel- ber nicht, der

1. bö- se, bö- se Tat.
2. schön ist er so nicht.
3. ar- me, ar- me Wicht.

Improvisation in Form von Lauten, die Angst machen sollen.

2. War-
3. Was

66

13. Neidlied

14. Regenlied

Ei- ne di- cke Re- gen- wol- ke kommt ü- bers Meer, ei- ne di- cke

Re- gen- wol- ke lei- se und schwer, hat den Bauch voll Was- ser- ei- mer,

so viel Was- ser trägt sonst kei- ner, muss die Welt be- gie- ßen, die Bäu- me und die

15. Wie Riesen niesen

Es war ein-mal ein Rie- se, der lag auf ei- ner Wie- se. Die Gän-se-blüm-chen

wa- ren platt, die En- te schnak-te: „Wat ist datt?" und flog auf sei- ne Na- se, die rag- te aus dem Gra- se. Das

kit- zel- te den Rie- sen. Er muss-te kräf-tig nie- sen. Da hat's die En- te fort- ge-weht und kei- ner hat sie

mehr er-späht. Auf ei-nem Teich in In- di- en kann man sie viel-leicht fin- di- en.

16. Klopsemops

1. Ein klei- ner di- cker Mops saß still auf ei- nem Klops, die an- dern Möp- se wie be- klopst, warn schon durchs gan- ze Haus ge- hopst, sie such- ten die- sen Klops, auf dem da saß der 1. Mops. Wer

2. mops- te die- sen Klops, das frag- te je- der Mops, und auf dem schö- nen Mop- se- klops saß still der di- cke Klop- se- mops, doch fraß er nicht den Klops, er konn- te nicht, der 2. Mops. Denn steht er auf von sei- nem Klops, dann setzt sich drauf ein and- rer Mops.

71

17. Das Bächlein

Fließt ein Bäch- lein flink und hel- le, mur- melt noch den Spruch der Quel- le:

schnel- le, schnel- le, oh- ne Ruh fließ dem gro- ßen Flus- se zu.

Auf dem Grun- de wan- dern klei- ne, fei- ne, rei- ne Kie- sel- stei- ne,

schnel- le, schnel- le, oh- ne Ruh mit dem Bäch- lein im- mer- zu.

Woll- te solch ein Stein- chen lan- gen, plumps hat mich der Bach ge- fan- gen,

schnel- le, schnel- le, oh- ne Ruh schwimmt da- von mein lin- ker Schuh, schnel- le, schnel- le,

oh- ne Ruh schwimmt da- von mein lin- ker Schuh.

rit.

18. Mondsilbertaufe

19. Eine kleine Stadt

1. Ei- ne klei- ne Stadt geht mü- de schla- fen, macht die vie- len Fens- ter- au- gen
2. Kommt der sanf- te Nacht-wind an- ge- flo- gen, singt leis auf dem Rat- haus- turm ein

zu, legt sich lang, be- sinnt, was so ge- we- sen, in den Stra- ßen
Lied, und die Rat- haus- uhr schenkt ihm ein Lä- cheln, a- ber nur, wenn's

wird es lang- sam Ruh.
wirk- lich nie- mand sieht.

20. Traumreise

A- bends geht ein Traum auf die Rei- se, fliegt hin- auf zum Him- mels- zelt.

Wie ein Stern schwebt er ganz lei- se

bis er dir ins Bett- chen fällt.

D. S.

77

INHALTSVERZEICHNIS

© Text und Illustrationen: leiv Leipziger Kinderbuchverlag GmbH
© Musik und Noten: Reinhard Lakomy

Text von Monika Ehrhardt
Illustrationen von Klaus Vonderwerth
Musik und Noten von Reinhard Lakomy
Buchgestaltung: Klaus Vonderwerth/Jochen Busch

5. Auflage 2024
Druck und Binden: PNB Print Ltd.
Printed in Latvia

ISBN: 978-3-89603-395-6

www.leiv-verlag.de